TODO CUANTO NECESITAS ESTÁ EN TI

Si este libro le ha interesado y desea que lo mantengamos informado de nuestras publicaciones, escríbanos indicándonos cuáles son los temas de su interés (Autoayuda, Espiritualidad, Qigong, Naturismo, Enigmas, Terapias Energéticas, Psicología práctica, Tradición...) y gustosamente lo complaceremos.

Puede contactar con nosotros en
comunicación@editorialsirio.com

Título original: UTILISE CE QUE TU ES
Traducido del francés por David García Valverde
Diseño de portada: Editorial Sirio, S.A.

EDITORIAL SIRIO, S.A.
C/ Rosa de los Vientos, 64
Pol. Ind. El Viso
29006-Málaga
España

EDITORIAL SIRIO
Nirvana Libros S.A. de C.V.
Camino a Minas, 501
Bodega nº 8,
Col. Lomas de Becerra
Del.: Alvaro Obregón
México D.F., 01280

ED. SIRIO ARGENTINA
C/ Paracas 59
1275- Capital Federal
Buenos Aires
(Argentina)

www.editorialsirio.com
E-Mail: sirio@editorialsirio.com

I.S.B.N.: 978-84-7808-938-3
Depósito Legal: MA-166-2013

Impreso en Imagraf

Printed in Spain

FUN CHANG

TODO CUANTO NECESITAS ESTÁ EN TI

editorial Sirio

Introducción

Este relato procede de los tesoros de sabiduría de la China antigua; se atribuye a Fun-Chang, autor que vivió varios siglos antes de Cristo.

Su densidad poética, la simplicidad de las enseñanzas que en él aparecen, el humor y la universalidad de su mensaje nos incitaron a adaptarlo al español y a publicarlo por primera vez hace ya más de veinte años.

Como todo cuento, este libro persigue la finalidad de despertar la intuición y la capacidad de imaginación. Es aconsejable, pues, leerlo deteniéndose de vez en cuando para cerrar los ojos y «ver» las imágenes sugeridas en la pantalla interior de los párpados cerrados... o dejar jugar a la vista con los millares de puntitos de las ilustraciones, hasta que se animen y se conviertan en estrellas de un cielo de ensueño...

Algunos lectores se preguntarán: ¿Son reales las aventuras de este emperador? ¿Ha existido Lo-Yang? ¿Fue destruida por un temblor de tierra? ¿Quién era en realidad el viejo sabio del relato?...

Para responder a estas preguntas, demos la palabra a Buda, quien declaró: «La verdad es lo útil».

Esta importante máxima pone de manifiesto que no hay una verdad absoluta, válida para todos y en cualquier circunstancia, sino conceptos que son ciertos en la medida de su utilidad para un individuo determinado, en un momento preciso de su existencia.

Con la sabiduría universal y basándose en la tolerancia y en el respeto a las verdades individuales, cada uno descubrirá en este cuento chino lo que puede serle útil, lo que es verdadero para él.

¡Ojalá aprendáis, amigos lectores, como el emperador de este cuento, que «todo cuanto necesitáis está en vosotros», y así obtendréis en vuestra vida cotidiana, más libertad, más felicidad y más consciencia!

Fun Chang

En la antigua China vivía un emperador que observaba día tras día a sus súbditos con mucha atención. Por una de las ventanas de palacio veía a los palafreneros trabajar con los caballos, a los soldados ejercitándose en el manejo de las armas, y a los jardineros cultivando el jardín concienzudamente. Por otra ventana contemplaba la plaza del mercado de Lo-Yang, la capital, y se interesaba por las relaciones de las personas entre sí: compradores, vendedores, los que ganaban y los que perdían. Y por la tarde miraba cómo barría la plaza el barrendero, cuando todos se habían marchado.

No dejaba de observar día tras día... pero, cuanto más miraba, cuanto más escuchaba... menos entendía.

Dos días por semana se dedicaban a la administración de justicia. En toda China, los que no aceptaban el juicio de su gobernador provincial podían apelar y ser escuchados por el tribunal presidido por el emperador, y la palabra

imperial se tomaba como ley. De esta forma, se le presentaban problemas de sucesión, de disputas entre vecinos, de reclamaciones de personas que se consideraban demasiado pobres para pagar impuestos, de inválidos que querían que el gobierno los tomara a su cargo... o también contenciosos entre ciudades o entre provincias. El emperador

impartía justicia, sin dejar de observar mientras desempeñaba su tarea... Prosiguió su observación con constancia durante años... pero, de pronto, se le hizo insostenible permanecer solo con todos los interrogantes que se planteaba sin llegar a encontrar las respuestas. No podía pedir nada a sus ministros porque eran semejantes a los que acudían en busca de justicia, tampoco podía preguntárselo a los brujos y magos, puesto que éstos habrían querido cambiar la realidad con su magia, ni tampoco a los médicos, pues también ellos estaban cortados por el mismo patrón.

Una tarde, mientras paseaba por su jardín, pasando revista con el pensamiento a todas las personas que había conocido en su vida, buscando quién podría responder a todas las preguntas que bullían en su cabeza, se acordó de aquel viejo sabio que había conocido en su juventud y que sabía tantas cosas...

¿Era sabio ese hombre realmente o le había dado entonces esa impresión por ser muy joven? ¡Ojalá estuviera allí, en el jardín, para responder a todas las preguntas que le corroían el corazón!... Apenas hubo atravesado su mente este pensamiento cuando el viejo Sabio apareció junto a él. El emperador comenzó a acosarle con preguntas:

—¿Por qué algunos han nacido hermosos y otros deformes? ¿Por qué algunos son sabios y otros ignorantes? ¿Por qué unos son comerciantes y otros artistas? ¿Por qué algunos no quieren mejorar su vida? ¿Por qué el que barre todas las tardes la plaza del mercado rechaza el puesto que le ofrezco en palacio? ¿Por qué unos son más fuertes que otros? ¿Por qué unos son ricos y otros pobres? ¿Por qué todo eso es así?... He visto –dijo el emperador– a un chico de catorce años, hijo de uno de mis ministros, perder la vida mientras jugaba con sus compañeros. ¿Por qué? ¿Adónde se ha ido su vida? ¿Por qué ha sido tan corta? Algunos miembros de la corte tienen noventa años y ya casi no pueden andar... ¿Por qué su vida es tan larga? Yo puedo promulgar leyes, dictar sentencias –dijo el emperador–, pero todas estas cuestiones escapan a mi entendimiento...

El sabio respondió:

—¡Mira tu jardín!

El emperador miró a su alrededor y exclamó:

—¡Es muy bello!

—¡Observa el roble en la majestuosidad de sus años, el azufaifo, tan gracioso, tan joven! Mira las flores y las plantas; unas son fuertes y otras débiles; unas viven muchos años y otras una estación solamente; unas tienen hojas atrofiadas o flores incompletas; algunos árboles no pueden desarrollarse, privados del sol por los árboles grandes que están a su alrededor. ¿Por qué no me preguntas sobre los árboles, sobre las plantas o sobre las flores? ¿Y qué sucede con los animales? ¿Por qué el pollo no tiene la fuerza del búfalo? ¿Por qué el tigre no tiene la gentileza del perro? ¿Por qué el águila vuela con fuerza en los aires mientras que los gorriones parecen tan débiles? ¿No parece injusto

que algunos seres vivos sean águilas y otros gorriones, unos briznas de hierba y otros robles, unos granito y otros diamante? ¿No encuentras todo esto muy injusto? –preguntó el sabio.

—¡Pero no se trata de personas –respondió el emperador–; no se trata de individuos dotados de razón, sino solamente de cosas sobre las que caminamos, cosas que comemos o que forman parte de nuestras vidas de diversas formas!

—¡Ah! –dijo el sabio–. ¡Ahí te equivocas! La vida que transcurre por la caña es la misma que transcurre por el roble... La que tiene el barrendero es la misma que tú tienes. Es lo que se conoce como Dios, Álito divino, Vida, Energía, Poder universal, el «Yo Soy».

El emperador se rascó la cabeza y dijo:

—Estoy más confundido que antes.

—Ven conmigo hacia el estanque y siéntate en esa piedra –dijo el sabio.

El sabio agitó el agua con la mano y de pronto fue como si millares de campanillas tintinearan a su alrededor... En el estanque apareció una imagen.

—Voy a conducirte muy atrás en el tiempo –dijo el sabio–, antes de la época de tu padre, antes de la del padre de tu padre y del padre del padre de tu padre, para darte, no una visión completa y global, sino una visión panorámica, una perspectiva de lo que son el hombre, los planetas, los minerales, las plantas y los animales.

Entonces aparecieron en la superficie del estanque imágenes de una civilización increíble: había objetos que volaban por los aires, hombres que se desplazaban en vehículos que no estaban tirados por caballos, estructuras gigantescas de metal que navegaban a través de los mares. Los hombres y mujeres viajaban muy rápidamente, sus hábitos eran totalmente diferentes a los que el emperador había conocido.

—Esta civilización existió antes de la que conoces ahora –dijo el sabio–; miremos un poco atrás en el tiempo.

La pantalla pareció agrandarse y el emperador vio centenares de millares de personas repartidas por todo el planeta; contempló civilizaciones al lado de las cuales la suya hacía pensar en la vida de los hombres de las cavernas... Después percibió un grupo de hombres y mujeres que se reunían; hablaban unos con otros, intercambiaban información sobre la naturaleza de su energía personal, expresando la belleza, el calor, el poder y la consciencia que poseían. Pronto atrajeron hacia ellos a otras personas deseosas de descubrir en ellos mismos esa misma autocomprensión y esa misma libertad para poder vivir en el mundo sin ser del mundo.

Una noche, esos hombres y mujeres condujeron a las personas que estaban con ellos a lugares escogidos. De pronto se produjeron relámpagos y truenos y la superficie de la tierra se metamorfoseó en unos instantes: olas de varios kilómetros de altura barrieron regiones enteras, temblores de tierra sepultaron ciudades a kilómetros de

Fun Chang

profundidad, la tierra y el agua enterraron vastas civilizaciones; inmensos territorios desaparecieron y aparecieron nuevas tierras. El emperador observaba fascinado. Vio que los supervivientes eran fuertes y valientes; aprendieron a ver y a comprender lo que eran verdaderamente gracias a los que les guiaban. La capacidad de vivir en armonía consigo mismos y con los elementos de la naturaleza estaba muy desarrollada. Los árboles, las plantas y las flores habían desaparecido... las semillas germinaban... necesitarían años para crecer. El emperador vio cómo se desarrollaron pequeños grupos en diversas partes del mundo. Poco a poco fueron naciendo niños. Pronto comenzaron a preguntar: «¿De dónde venimos? ¿A dónde vamos?». Cuando sus padres intentaron contarles lo que habían conocido, sus hijos no pudieron creerles. ¿Cómo iban a poder

comprender sin imágenes ni objetos de la época precedente, cómo explicarles, cómo hacerles comprender? Algunos jóvenes se marcharon para formar nuevas sociedades en otros lugares. Pronto murieron los supervivientes de la civilización precedente. Las imágenes de la superficie del estanque se volvieron borrosas y luego desaparecieron. El sabio dijo al emperador:

—Los que sobreviven deben ir más allá.

—No comprendo –dijo el emperador.

—Has visto que esos hombres eran sabios porque estaban guiados por el interior y condujeron a los supervivientes para comenzar un nuevo ciclo. Estos sabios son, de alguna forma, el alimento, la energía, el combustible de cada ciclo. Para que el ciclo de la vida se cumpla, se necesita una aportación de energía. El hombre nace incapaz de alimentarse y muere de la misma manera. Todo lo que vive, vive según unos ciclos; minerales, plantas, flores, animales y seres humanos viven siguiendo los ciclos de la naturaleza. Hasta el planeta sigue un ciclo. Esos hombres y esas mujeres que han desarrollado el conocimiento de sí mismos y su capacidad de unidad con todo lo viviente, tienen como función, en cada era cataclísmica, mantener la cohesión necesaria, proporcionar los elementos indispensables para la prosecución del ciclo global. No les hace falta ser buenos, ni malos; son energía. Pueden ser papas o emperadores, gladiadores o pastores, funcionarios o carreteros...

pero transmiten energía. Ayudan a que el ciclo se haga, son el puente que conduce de una época a otra, el hilo que configura la trama de la historia humana.

»Comprende, emperador, que tu barrendero de calles es como una semilla, una joven energía; quizás en otra época sea un ser diferente, un árbol con ramas poderosas, pero, por el momento, no puedes pretender que sea de forma diferente a como en realidad es. Una parte importante de la sabiduría y del conocimiento consiste en no querer transformar a las personas en lo que no son, sino en aceptar lo que son, en comprender su experiencia de la vida. ¿Arrancas tú de tu jardín todas las plantas que no son robles? No, buscas la armonía entre la hierba, las flores, los arbustos y los árboles. Alimentas a tus rosas, pero ¿les dices «voy a alimentaros para que viváis tanto como el roble»? ¡Las rosas no quieren ser robles, quieren ser rosas! ¿Por qué vamos a pretender que los hombres sean algo diferente a lo que son? Esta es la lección más difícil de aprender para

los seres humanos –afirmó el sabio–, pero puedes comenzar por aceptar la evolución de los reinos mineral, vegetal y animal. Ya puedes admitir que un tigre sea más fuerte que una rata, que una vaca de más leche que un pollo. ¿No puedes comprender que al barrendero le gusta ser barrendero? ¿No puedes aceptar que los que tienen hambre forman parte del jardín de tu imperio? Puedes darles de comer, pero eso no tiene en cuenta al conjunto de la situación. Deberías saber, emperador, que no tienes que alimentar a tu pueblo; puedes actuar para que la comida sea accesible a todos los habitantes, pero aprender a alimentarse es cosa suya. Cualquier civilización que comienza a alimentar a la gente pensando que son incapaces de cuidarse por sí mismos, está abocada al fracaso. Todo hombre que no puede cuidar de sí mismo empieza a morir. Todo animal que no puede ocuparse de sí mismo, se convierte en presa de otro animal. Toda planta que no tiene fuerza para alcanzar el sol y el agua, regresa a la tierra de la que ha salido.

—Ven conmigo; entra en la imagen que se forma ante tus ojos y mira ese bosque.

Era un magnífico bosque, con grandes árboles, flores maravillosas y animales paseando aquí y allá.

—Esta parte del bosque no ha sido tocada por el hombre –dijo el sabio–. La vida está en todas partes. Mira la hierba, las flores, los árboles, los pájaros, los insectos, los animales... Viven su ciclo, aprenden y evolucionan.

—Pero el hombre está más avanzado, es más inteligente –dijo el emperador.

—¿Quién dice eso? –preguntó el sabio–. ¿Cómo sabes tú que el hombre está más arriba o más abajo que el

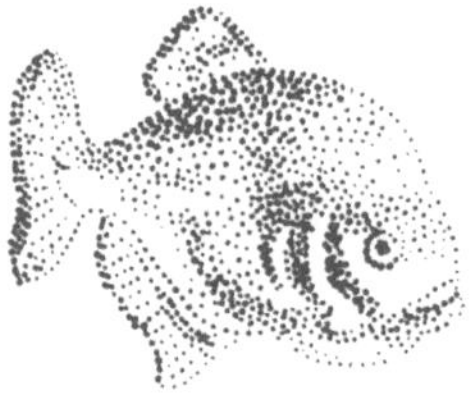

reino mineral? El reino mineral no se queja, no intenta apropiarse de las cosas ajenas, no mata a otros individuos; hace todas las cosas con sencillez, en consonancia con la naturaleza. ¿Estás seguro de que el hombre está más arriba en el plano terrestre... y que no vas a convertirte en roca?

El emperador respondió:

—Eso me parece impensable.

—Tu pensamiento es limitado. Sin embargo, todo cuanto seas capaz de imaginar puede existir. No hay nada imposible.

El emperador preguntó:

—¿En qué me ayuda todo eso como emperador? Acaban de producirse grandes inundaciones en el Sur y

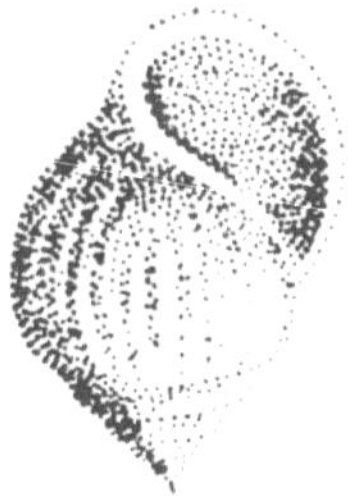

muchas personas han perdido su casa, miles de ellos han muerto ahogados; los supervivientes me piden víveres...

—¿Te has preguntado ya, emperador, por qué esas gentes viven tan cerca del océano, o en la ribera de los ríos, o en las tierras bajas que el agua puede inundar? ¿Por qué construyen sus casas sobre acantilados, en lugares que pueden derrumbarse, por qué no intentan integrarse en la naturaleza en vez de desafiarla? La naturaleza, las fuerzas naturales son como cien millones de caballos provistos de espadas aceradas; no hay forma de contenerlos. Las personas cultas saben dónde vivir, dónde construir sus casas, cómo protegerse. Si son pescadores, enséñales a utilizar los vientos y las mareas, enséñales a vivir con la naturaleza, explícales que si luchan contra ella deben aceptar las consecuencias. No puedes tener pesar por la persona que ha perdido su casa en un terremoto, en una tempestad o en una inundación. Ella ha elegido ese riesgo por vivir donde vivía. Tú no puedes obligar a las personas a cambiar su vida. Cuando existen demasiadas malas hierbas y no hay suficientes robles, cuando hay más gorriones que águilas, más ratas que tigres, más granito que diamantes, se produce un desequilibrio que origina una renovación de la situación por el juego de las fuerzas naturales. Nada muere. Ciertas formas de vida desaparecen y son sustituidas por otras, pero el espíritu que hay en cada una de ellas no muere jamás. Los funerales se hacen para los vivos, no para los muertos. Se hacen para que las personas puedan tener el placer de manifestar su pesar, pero el muerto no tiene necesidad de ello puesto que no está muerto, sino que prosigue su vida en otras condiciones. El bosque no hace funerales, los animales tampoco, ni los pájaros, ni los insectos, ni las flores.

—He sido un mal emperador –confesó.

– ¡No! –le atajó el sabio–. ¡Tú no has sido un mal emperador! Has utilizado el instrumento que tenías. Has usado plenamente tus fuerzas dentro de los límites de tu comprensión. Has sido capaz de percibir. A través de todo lo que has sido, se ha manifestado la energía que hay en ti.

El viejo sabio habría deseado que el emperador hubiera podido ver y comprender más... Pero él sabía que la comprensión se despierta lentamente. El emperador dijo:

—¿Qué ocurre con las leyes del país, debo eliminar todo y volver a empezar de nuevo?

—No –dijo el sabio–, gobierna a las gentes de tu imperio como un jardinero gobierna su jardín. El jardinero permite que sus plantas crezcan sin intentar convertirlas en lo que no son. Él no mira la roca en la que estás sentado para decirle: «No me gusta lo que eres, no me gusta el color que tienes, debes convertirte en jade». Al pájaro que está en el árbol el jardinero no le dice: «¡Deberías ser un águila, voy a transformarte en águila!». Tú no puedes transformar ni al gorrión en águila ni al barrendero en emperador, ni por regla general hacer la felicidad de los demás. Los individuos son vibraciones, son una energía que elige un cuerpo, viven en ese instrumento y lo utilizan. Tú, en tu comedor, utilizas cubiertos para comer, sin embargo tu mozo de establo emplea las manos. Si viene a tu comedor, llenará su estómago como tú, pero necesitará un baño después de haber comido, mientras que tú permanecerás limpio. Lo mismo sucede con la energía: entra en un cuerpo y ese cuerpo puede parecerse a cualquier otro. Mira a los ministros que te rodean: todos tienen dos brazos, dos piernas y dos ojos, salvo raras excepciones; todos tienen aproximadamente el mismo cuerpo, más todos son diferentes. ¿Por qué uno es un gran intelectual y el otro no? ¿Por qué tu mago puede mover los objetos con la fuerza de

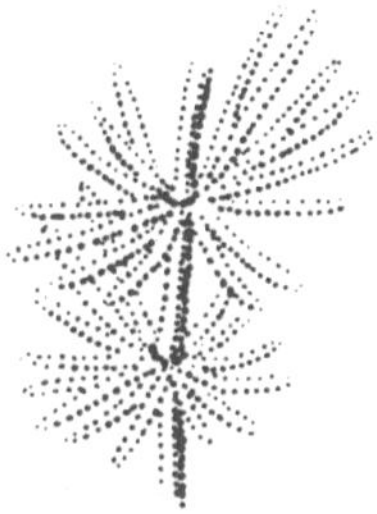

su pensamiento? Cada persona es una energía. La energía que hay en cada uno sabe cómo utilizar todo lo que allí hay y lo hace mediante las experiencias que el individuo vive en cada una de las etapas de su vida.

—¿Quieres decir con ello que ya he vivido antes?

—En cierta medida –contestó el sabio–; es una forma de abordar el problema; lo que hay que comprender ante todo es que tu energía será capaz, la próxima vez, de absorber algo diferente.

—¿Pero cómo lo malo puede ser una energía útil? –preguntó el emperador.

—Lo que llamas malo es una energía. Puedes matar a miles de personas, incluso a millones, sin que eso sea «malo». ¿Por qué habría de ser malo? Tú matas millares de moscas, miles de animales y de plantas para comer. ¿Cuál es la diferencia entre su energía y la de un hombre?

—¡Pero el hombre es como yo!

—¿No crees que una naranja podría decir lo mismo de otra naranja? El hecho de comprender esto es importante. No se trata de predicar ni de intentar difundir esta sabiduría por el mundo; se trata de observar estas cosas y de que se conviertan en una parte de tu ser. De esa manera podrás vivir en el mundo sin miedo, sin frustración, sin cólera y sin juzgar, porque habrás aprendido a observar. Esta capacidad de ser testigo, sin identificarte con cada situación, te da un poder inconmensurable. Mira ese roble inmenso que domina el jardín; los pájaros anidan en sus ramas. Mira el águila que observa todo lo que ocurre debajo de ella. Recuerda que las personas deben experimentar lo que viven. Si sientes pena o lástima de los demás, te identificas con ellos, te haces una parte de lo que ellos son y entonces no dejas que tu energía se desarrolle al máximo.

—¿Qué es la energía? –preguntó el emperador.

—Ah... de eso te hablaré más tarde; antes es preciso que tengas la base necesaria, que puedas percibir lo que eres.

—Me has mostrado cambios del mundo; ¿veré algún día tales sucesos? ¿Qué aspecto tendrán?

—Será lo mismo que la última vez.

—¿Habrá un grupo de sabios que sabrán lo que va a pasar?

—Sí.

—¿Prepararán a otros individuos?

—Sí.

—¿Formaré yo parte de ese grupo?

—Puede que sí o puede que no.

—¿Quiere eso decir que sin una cierta sabiduría podría morir?

—No, morir no, renovarte. Si en ese momento eres un roble... y si la parte inferior de tu tronco está en mal estado, quizás experimentes la necesidad de renovarte. O si eres una vieja águila que ya no puede volar, o un diamante lleno de resquebrajaduras que ha perdido su fuerza... aunque ese diamante haya sido diamante, como el águila águila y el roble roble... cada uno está preparado para nuevas experiencias. Reconoce que estás aprendiendo a utilizar tu poder y que para utilizarlo al máximo no debes dejar que la energía de los demás controle la tuya. Puedes percibir a los demás, puedes aprender de ellos, pero mantén una actitud de observación.

—¿Qué debo pensar de todo lo que me explicas? –dijo el emperador–. ¿Cómo puedo saber que no estás intentando inducirme a error, reírte de mí o confundirme?

—¿Qué ganaría yo con ello? No tengo nada que ganar –dijo el sabio–. Yo no voy a convertirme en emperador, no me darás grandes riquezas. ¿Qué podría yo ganar en eso? No hables a nadie de lo que acabas de escuchar, guárdatelo para ti. Aprende que las inspiraciones, las visiones interiores, las intuiciones que puedas tener, son tus diamantes, tus joyas, que se convierten en tu fuerza, en tu realización

y en tu plenitud. Cuando estés sentado entre tu corte y muchas personas vengan hacia ti, obsérvalas. Si vienen de la región que ha sufrido inundaciones, edúcalas; si vienen a reclamar dinero, enséñalas a trabajar. No hagas tú lo que deben hacer ellos. Y de esa forma yo podría mostrarte la luz, la energía y los recursos de tu ser que todavía ignoras.

—¿Pero puedo conocerlos? –dijo el emperador.

—Yo podría enumerártelos de diversas maneras... –dijo el sabio–. Pero ¿podemos meter un rebaño de elefantes en una pequeña habitación? Comprende que te enseño todo lo que puedes entender en la actualidad... Pero es preciso que la enseñanza sea progresiva; a medida que crezcas, que permitas a tu cuerpo, a tu corazón y a tu cerebro funcionar mejor, podré proporcionarte más; cuanto más recibas, mejor comprenderás a los que te rodean y a la naturaleza. ¿Te quedas bajo un árbol que se va a caer?

—¡Sería una insensatez, naturalmente que no! –dijo el emperador.

—¿Y si no sabes que el árbol va a caer?

—Ah –dijo el emperador–. ¿Quieres decir que yo podría saber que el árbol se va a caer…?

—Tú puedes formar parte de todas las cosas –dijo el sabio–. Cuando una anciana achacosa se dirija a ti, no la metas en una residencia para personas mayores. Ayúdala a aprender a utilizar lo que tiene. Si sus piernas apenas se mueven, sus brazos tampoco y tú le dices: «Anciana señora, has tenido una larga vida, necesitas que te cuiden, voy a enviarte a una casa al sol, en el sur del país», ella será feliz… entonces cien ancianas más acudirán a ti. Si, por el contrario, le dices: «¡Mañana tomarás un baño frío, comenzarás a correr y a hacer trabajar a tu cuerpo!», podrá mejorar si lo hace… pero tú no verás acudir a ti una muchedumbre de ancianas que buscan hacerse dependientes. Enseña a las personas a ayudarse a sí mismas. Dales los instrumentos necesarios, si sabes que tienen capacidad para utilizarlos.

—¡Enséñame a utilizar tus propios instrumentos! –pidió el emperador.

—¿Cómo voy a enseñarte a manejar instrumentos que precisan siete manos para empuñarlos?

—¿Y entonces cómo lo haces tú? –preguntó el emperador.

—¡Es fácil! –contestó el sabio… y de pronto le aparecieron siete manos.

—Oh –exclamó el emperador–, yo no puedo hacer eso.

—Sí podrías... todo lo que puedes concebir es realizable –afirmó el sabio.

El emperador reflexionaba mirando al estanque. Todo esto era nuevo para él y muy importante. Era consciente de que una mayor comprensión iba a cambiar su vida, de que él no cambiaría la vida de los demás, pero podría ayudarlos a que ellos mismos la cambiaran. Se volvió hacia el viejo Sabio y le dijo:

—He comprobado, observando la plaza del mercado, que hay mucho tráfico en un lugar determinado; cuando la gente se va por la tarde algunos caen y se lastiman. Es preciso que envíe a un guardia para que regule la circulación.

—Quieres protegerlos –dijo el sabio–. ¿Por qué quieres protegerlos?

—Porque es necesario que vuelvan a sus casas sin daño.

—¡Eso viene a significar que son un grupo de idiotas, que no son capaces de hacer las cosas por sí mismos! ¿Cuántas leyes has hecho porque pensabas que tus súbditos eran incapaces de protegerse a sí mismos?

—Pero sin leyes esto sería un caos –repuso el emperador.

—Es cierto, cuanta más gente hay, más leyes se promulgan. Sin embargo, debes aprender a vivir por ti mismo y a funcionar sin leyes. Debes aprender a vivir en un mundo regido por una sola gran Ley. Dondequiera que mires, en la naturaleza, se aplica la misma Ley.

—Enséñamela –pidió el emperador.

—Primero –dijo el sabio– puedo enseñarte a vivir por encima y más allá de las leyes, aunque deberás continuar

haciéndolas para aquellos que no están preparados todavía para vivir sin ellas. ¿Puedes vivir con esta idea?

El emperador reflexionó un momento y dijo:

—No lo sé.

—No obstante, es fácil –le dijo el sabio–. El águila que está en el cielo no sabe nadar, el pez no vuela, la mariposa no recolecta azufaifas. Todos utilizan su energía. Comprende que tú puedes dictar las leyes y al mismo tiempo permanecer al margen de ellas. Debes establecer leyes porque las personas no tienen intuición, no saben vivir naturalmente. Las plantas, las cañas, las rocas, los animales sí saben vivir. Sienten cuando va a producirse un temblor de tierra, cuando se prepara una tempestad y actúan en consecuencia. Una planta que vive cerca del océano se asegura de que sus raíces se introduzcan profundamente para no ser arrancada por el viento. El hombre que sabe escuchar su intuición ya no necesita leyes.

—Pero todo el mundo no puede tener intuición...

—De eso hablaremos mañana –dijo el sabio.

—Un momento –dijo el emperador–. Tú me has hablado de esos hombres y de esas mujeres sabios y fuertes que son como el hilo que forma la trama del mundo. Me has dicho que si expresaba la energía que hay en mí, quizá pudiera vivir en un cuerpo más fuerte todavía y percibir otras cosas. ¿Cómo podré yo saber cuándo habré experimentado todo y que ya no tendré que pasar por la experiencia de estar en un cuerpo?

—Créeme –dijo el sabio–, lo sabrás. ¡Pero si me haces esta pregunta... es porque el momento no ha llegado todavía!

El emperador regresó a su dormitorio. Había pasado todo el día en el jardín con el viejo sabio y tenía la impresión de haber estado allí durante semanas... Había visto, escuchado y asimilado todo cuanto había podido. Se acostó en su cama, se tapó con la manta y se durmió. Los sueños le invadieron; se vio paseando por un bosque entre árboles, pájaros e insectos; luego sintió que el bosque temblaba como si un gigante caminara cerca de él; los animales se pusieron a correr despavoridos, los pájaros fueron lanzados al aire, el bosque tembló más; tuvo miedo; el bosque sufrió sacudidas cada vez más fuertes y el emperador se despertó. Su palacio temblaba... Las puertas se habían caído, los muros comenzaban a agrietarse y a derrumbarse. Oyó gritos que provenían de la ciudad de Lo-Yang. Quiso ponerse de pie, pero las ondas sísmicas que sacudían el palacio le clavaron en el suelo y no pudo desplazarse más que a gatas.

Ni un sirviente estaba a la vista, excepto uno que vio aplastado bajo una estatua. Avanzó hasta la entrada y vio que la gente corría en todos los sentidos, empujándose y tropezando unos con otros. El pánico alcanzaba su punto culminante, todo el palacio vacilaba y se derrumbaba con estrépito. El emperador trepó hasta su habitación, se prosternó

ante el altar de sus antepasados y esperó. Pronto se detuvieron el estruendo y el temblor... Un silencio sepulcral se apoderó del lugar. El aire estaba cargado de polvo. El fragor volvió a empezar de nuevo y el emperador escuchó gritos y alaridos. Esta vez el ruido era más sordo y todo el palacio parecía desplazarse como si tuviera piernas. Luego el emperador escuchó la palabra «fuego», gritada en las calles de Lo-Yang, seguida del crepitar de las casas en llamas; el fragor continuaba. Los muros y los techos del palacio caían alrededor del emperador, el cual permanecía prosternado ante su altar. No rezaba, no decía nada, sintiendo solamente que si hubiera estado dispuesto a pasar al otro mundo, ese habría sido el momento ideal. Después de un rato, que le pareció una eternidad, el estrépito cesó. Esperó...

Ya no caía nada más. Se puso en pie con precaución. En torno suyo pudo ver restos de granito y de mármol, estatuas rotas, paredes y columnas derrumbadas. Se sacudió el polvo de sus ropas y pasó por encima de los escombros que le rodeaban.

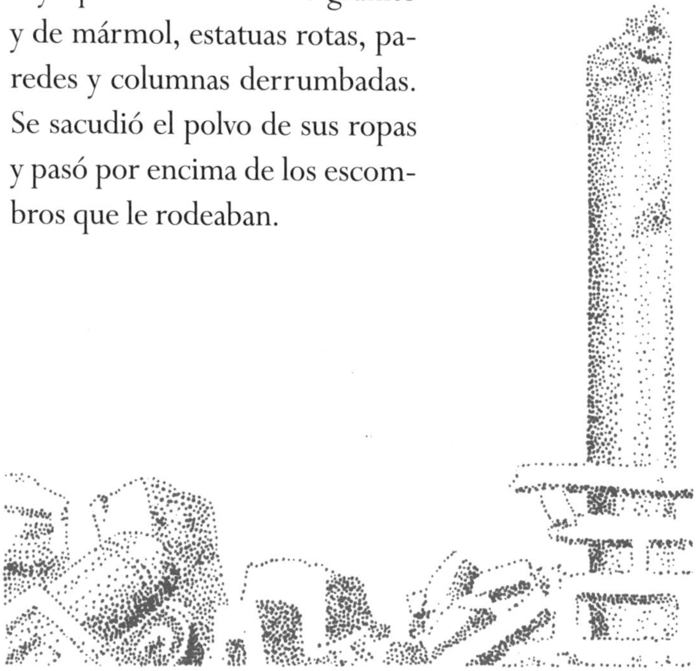

Entonces oyó a una mujer en la habitación de la emperatriz que pedía ayuda... No pudo sacarla de los escombros y, como no había nadie vivo que pudiera ayudarle, tuvo que dejarla. Fue hasta el balcón, cuya barandilla había desaparecido, y miró la ciudad de Lo-Yang: no quedaban más que ruinas; sus construcciones se habían venido abajo y el fuego las consumía. Las lágrimas le brotaron de sus ojos; se preguntó cuántas ciudades chinas habrían sido destruidas también. ¿Se trataba del fin del mundo, del gran cataclismo del que el viejo sabio había hablado el día anterior? ¿A qué podía achacarse semejante catástrofe? ¿Por qué una ferocidad semejante por parte de la naturaleza? ¿Por qué esas piernas aplastadas bajo grandes piedras, esas gentes corriendo por las calles con sus vestidos ardiendo? Se sintió desesperado e impotente. ¿Qué debía hacer? ¿Por dónde comenzar? Mientras caminaba por el palacio se dio cuenta de que el hecho de que fuera emperador de China ya no tenía importancia para nadie. A las personas solamente les preocupaba su sufrimiento, su desgracia y su miedo. Franqueó la puerta principal de palacio y se adentró en Lo-Yang, cruzándose con gente que caminaba

como en una niebla. Nadie le reconocía. Quiso ayudar a alguien... pero la persona se puso a gritar tan fuerte que tuvo que dar un paso hacia atrás y dejarla. ¿Qué podía hacer? Intentó socorrer a un niño sacándolo fuera de las ruinas, pero el niño chilló y pataleó con rabia, por lo que tuvo que volver a llevarlo cerca de los escombros bajo los cuales yacían sus padres.

Unos soldados saqueaban aquí y allá; cuando el emperador les gritó que se detuvieran, desenvainaron sus sables porque no le reconocían debido al polvo que cubría sus ropas... y tuvo que huir.

En un momento la tierra se había tragado la capital, había hecho perder todo su poder al emperador y había creado una locura de miedo y desesperación. Pasando por encima de los cuerpos y de las piedras, atravesando las ruinas, que ardían todavía, el emperador volvió a su palacio. Franqueó los muros derruidos y se dirigió a su jardín, que estaba milagrosamente intacto: ni una flor, ni una gota de agua faltaba, como si la mano gigante que había devastado todo lo demás hubiera respetado aquel lugar. Bebió el agua del arroyo, se sentó en el suelo y lloró amargamente.

¡Qué inútil se sentía... ni ejército, ni ministros, su esposa la emperatriz aplastada en las ruinas del palacio, sus hijos desaparecidos, Lo-Yang arrasada! ¿De qué era emperador ahora? ¿Y qué había sucedido con el resto del país? Ya no había poder. El ejército se había vuelto insensato, saqueando y robando; ¿cómo saber si las provincias del sur le habían permanecido fieles? ¿Cómo hacer saber a todos que estaba vivo? Lloró más amargamente que nunca.

De pronto se estremeció, pues una mano se había puesto en su hombro. Allí estaba el viejo sabio, de pie, y el emperador, presa de una intensa cólera, se puso a gritar:

—Mira, ya no hay palacio, ni ciudad, mi esposa y mis hijos han muerto. El poderío de mi país ha sido devastado por un seísmo. Tu preciosa naturaleza lo ha destruido todo. ¡No queda nada, ya no tengo ningún valor!

El sabio lo miró a los ojos. El emperador gritaba y gesticulaba, quería casi empujar y golpear al sabio, pero una fuerza impedía que su brazo se levantara... se desvaneció con una gran agitación. El sabio se sentó a su lado, esperó a que hubiera recuperado el sentido y le dijo:

—¿Qué vas a hacer?

El emperador, desesperado, se encogió de hombros y dijo:

—No lo sé.

—¿Qué quieres decir con «no lo sé»? ¡Tu cuerpo está vivo, tienes trabajo que hacer, tienes una función que cumplir!

El emperador gritó:

—Ya no tengo nada, todo mi dinero está sepultado bajo el palacio, no puedo pagar a los soldados, que saquean la ciudad. No sé qué aspecto tiene el resto del país. ¿Qué puedo hacer?

El viejo sabio se levantó y le dijo:

—Levántate.

El emperador se incorporó.

—¡Mira ese águila en el cielo!

El emperador levantó los ojos.

—¿Qué águila?

Entonces el sabio lo empujó arrojándolo al agua del arroyo. El agua estaba fría; el emperador se sorprendió; miró al viejo sabio y se puso a reír:

—¡Nadie más que tú me trata de ese modo! ¡Solamente tú permites que me sienta un ser humano! ¡Ayúdame!

—¿Qué quieres saber? –preguntó el sabio.

—¡Ayúdame a reconstruir este palacio, esta ciudad!

—Yo no puedo ayudarte –respondió el sabio.

—¿Qué quieres decir con eso?

—Soy un sabio, puedo ver el pasado y el futuro, puedo comprender lo que ocurre, pero no puedo ayudarte.

El emperador le dijo:

—No te comprendo.

El sabio prosiguió:

Fun Chang

—Un vidente solamente puede ver; puede ayudar a los demás a utilizar los instrumentos de que disponen, pero no puede ni obligarlos ni hacer el trabajo por ellos.

—¿Por qué estoy yo aquí? –preguntó el emperador–. ¿Por qué he venido a esta tierra, cuál es la utilidad de todo eso? Vengo, muero; vuelvo, muero... ¡no tiene sentido! ¡Mira toda esa devastación!

El sabio dijo:

—No pretendas saber por qué estás aquí, eso no tiene ahora la menor importancia.

El emperador gritó:

—¡Necesito saber por qué estoy aquí, de lo contrario no puedo reconstruir nada, no puedo comenzar de nuevo!

—Es ridículo –dijo el sabio–. ¿Pregunta un bebé antes de aprender a andar por qué está allí? ¿Pregunta de dónde viene antes de aprender a hablar? ¿Pregunta un lactante por qué ha nacido antes de empezar a comer? ¡No seas estúpido! No tienes necesidad de saber de dónde vienes. Muchas personas utilizan este tipo de juegos mentales para evitar mirarse de frente, para no servirse de los instrumentos que tienen a su disposición. Huyen de la realidad presente diciendo: «Si pudiera saber de dónde vengo, entonces sí podría»; pero eso no tiene ningún sentido. Este tipo de ideas no tiene más valor que Lo-Yang hoy, ¡es una huida!

El emperador estaba molesto y preguntó:

—¿Sabes de dónde vengo, por qué estoy aquí?

—Sí –respondió el sabio–, pero si te doy una explicación intelectual de tu situación, eso no va a ayudarte a reconstruir Lo-Yang.

El emperador repuso:

—¿Qué necesito saber entonces?

—Necesitas saber que la situación en la que te encuentras es la situación que tienes que vivir; no puedes quedarte aquí indefinidamente contemplándote el ombligo y repitiendo «¿por qué me ha sucedido esto, por qué he venido aquí, de dónde provengo, por qué ha desaparecido

mi familia, por qué soy emperador de China?». Estas preguntas no tienen ningún sentido. Estás aquí y eso es todo. Eres emperador. ¿Qué vas a hacer, quedarte aquí lloriqueando y sorbiendo por la nariz? Eso no te lleva a ninguna parte. Estás ahí porque estás ahí y debes manejar la situación lo mejor posible. ¡Deja ya de darte excusas!

El emperador se sentía herido y mortificado. El viejo sabio se dio cuenta de su miedo, de su irritación y de su frustración y le dijo:

—La mayoría de las personas son como niños pequeños, no se preguntan ni de dónde vienen ni a dónde van; sólo se preocupan de andar, de comer, de vivir experiencias. Algunos individuos llegan al umbral del pensamiento y comienzan a plantearse problemas. Algunos encuentran la religión, otros encuentran a maestros que les dan respuestas y finalmente están los que, como tú, quieren saber más, conocer todos los detalles. Yo podría darte mil explicaciones, deslumbrarte de tal forma que no podrías soportar tu propia luz. Pero, ¿qué bien te haría, qué podrías hacer con ello? ¿Das tú de comer a tu hijo una tonelada de arroz a la vez?

—No, dijo el emperador.

—Tu hijo se comerá una tonelada de arroz en su vida... ¿Por qué no dársela de una sola vez para que no tenga ya necesidad de comer?

—¡Eso lo mataría!

—Ah –dijo el sabio–, has comprendido. Lo que tienes que hacer es no plantearte cuestiones inútiles, sino utilizar la situación en la que te encuentras; no decir «si hubiera girado a la derecha en vez de haberlo hecho a la izquierda eso no habría ocurrido; si hubiera enviado a mis hijos al palacio de verano todavía estarían vivos». Estas cuestiones no te conducen a nada. Estás donde te encuentras ahora y ahí es donde debes estar. No puedes vivir en el pasado, ni en el futuro, sino en el presente. Cualquiera que sea la situación, utiliza los instrumentos que están a tu disposición, usa tus manos, tu inteligencia y tu fuerza.

—Pero yo no tengo ningún instrumento –dijo el emperador–; ni siquiera puedo construirme una casa.

El viejo sabio sacudió la cabeza:

—El temor y el miedo han aumentado tu ignorancia. Tus instrumentos son todo lo que utilizas para que un trabajo se realice, lo cual puede ser una palabra o una sonrisa. Tus instrumentos son tu capacidad de comprender que donde te encuentras en este momento es donde debes estar y no en otro lugar o en otra situación. Utiliza cada momento.

—¿Qué habría ocurrido si hubiera muerto? –preguntó el emperador.

—¡Qué pregunta más tonta! –dijo el sabio–. En ese caso yo no estaría hablándote y tú no tendrías problemas. Alguien vendría, tomaría China en sus manos y tú te irías con tus antepasados.

El emperador anduvo por el jardín con las manos a la espalda, mirando pensativamente al suelo. Se volvió hacia el sabio y dijo:

—Poco importa por qué estoy aquí, tengo un trabajo que hacer.

—Está bien –dijo el sabio.

—Poco importa a dónde voy, siempre doy un paso después de otro.

—¡Está bien!

El emperador avanzó lentamente yendo un poco más lejos.

—¿Cómo puedo actuar, qué instrumentos puedo emplear?

El sabio le respondió:

—Durante estos últimos minutos has recorrido una distancia de nueve metros. ¡En esos nueve metros ha encontrado muchos instrumentos!

El emperador le miró.

—¿De veras?

Entonces se volvió, miró el pequeño camino que serpenteaba por el jardín.

—¿Instrumentos?...

Se volvió otra vez y comenzó a mirar a derecha e izquierda.

—¡Muéstramelos!

—Hay frutos en los árboles para alimentarte –dijo el sabio.

—¡Ah, sí! –exclamó el emperador.

—Agua para refrescarte.

—¡Oh, sí! –volvió a exclamar el emperador; entonces volvió a mirar y dijo–: Maderas y piedras para construir.

—¡Muy bien! –dijo el sabio.

El emperador veía pájaros, insectos, la vida que susurraba en todas partes. Iba de acá para allá, excitado, observando esas cosas de todos los días, que se daba cuenta podría aprovechar.

—Empiezas a comprender –dijo el sabio–. Utiliza lo que está ahí. La mayor parte de las personas no ven nunca eso. Pasan por la vida buscando siempre algo diferente, atraviesan la existencia persuadidos de que su objetivo está mucho más lejos, cuando a su alrededor se encuentra todo lo que necesitan para alcanzar su meta.

—Un momento –dijo el emperador–, no comprendo.

—Es fácil –dijo el sabio–. Si quieres construir una pared, ¿qué necesitas?

—Piedras –contestó el emperador.

—Bien. ¿Dónde están?

—Están ahí, a mi alrededor.

—¡Bueno, pues empieza a construir!

—Pero para mover esas piedras necesito herramientas.

—Acabas de pasar al lado de algo a lo largo del camino –dijo el sabio.

El emperador volvió sobre sus pasos y encontró un madero que podía ayudarle a levantar las piedras.

—Además de piedras necesitaré arena, agua y arcilla para hacer cemento.

—Bueno, todos esos elementos están a tu disposición –replicó el sabio–. Junto al riachuelo hay arcilla y arena.

El emperador se dirigió allí y trajo todo lo que necesitaba.

—Ahora –continuó el sabio– tienes todos los instrumentos necesarios para hacer una pared.

—¿Lo que quieres decir es que si miramos a nuestro alrededor y utilizamos lo que hay de una forma completa, no tenemos más que reunir los elementos necesarios, que no hay necesidad de correr por todas partes para encontrarlos porque todo está ya aquí?

—Sí –dijo el sabio–. Cada hombre y cada mujer tienen capacidad para ver, percibir y ser uno con toda la vida, si son conscientes de todo lo que les rodea, entre ello la hierba, las flores y las piedras. Eso no se aprende encerrándose en un laboratorio o en un monasterio ni limitándose a seguir un solo camino, no se aprende viendo la realidad solo a través de un solo prisma, de una sola forma. Tu camino está destinado a ayudar a los demás para que vean por sí mismos, a inspirarlos para que reconstruyan.

El emperador se sintió henchido de entusiasmo.

—Utiliza los instrumentos que están a tu alrededor –dijo el sabio–, aprovecha la energía de los que trabajan contigo. ¿Cuánta gente has utilizado mal en el pasado? ¿Cuánta has dejado que se deteriore por no utilizarla?

El emperador reflexionó:

—Tenía un mensajero; cuando me hice emperador estaba en plena forma y con su rápida carrera podía entregar un mensaje de una ciudad a otra. Se hizo amigo mío y cuando, no hace mucho tiempo, tuve que enviar un mensaje... ya no estaba en buena condición física en absoluto, ya no podía correr tan aprisa; ¡tuve que renunciar a utilizarlo!

El emperador se aproximó a un agujero del muro, miró a la destruida Lo-Yang, y las lágrimas se le saltaron de los ojos.

—¡Un momento! –exclamó el sabio–. ¿Por qué lloras?

—Por todas esas gentes, por la belleza que había ahí.

—¡Olvídalo todo! –aconsejó el sabio–. La gente se nutría y vivía de ella. Por consiguiente, ha sido bien utilizada. Ahora, utiliza lo que hay y deja de mirar hacia atrás; nada ha sido ni será mejor que el instante presente; en el

futuro, cada instante será siempre ahora, no puedes vivir más que en el presente...

—Oh –exclamó el emperador... y le pareció que en un segundo había de pronto logrado cuarenta años de comprensión.

—¿Por dónde debo empezar? –pensó.

No podía ni sentir, ni ver, ni saber por dónde comenzar... Se volvió hacia el sabio y le dijo:

—Mi familia ha desaparecido.

—Está bien –dijo el sabio.

—¿Está bien? ¿Por qué está bien? –inquirió el emperador.

—Porque formaban parte de una época de tu vida y ahora tú vives otra. ¿Qué piensas de tu abuelo? –le preguntó el sabio.

—Era excelente –respondió el emperador.

—¿Sientes tristeza porque ya no está aquí?

—No –contestó el emperador.

—¿Por qué

Entonces el emperador empezó a comprender.

—El miedo –afirmó el sabio–, la tristeza y la emoción forman parte de la evolución del hombre. Es una evolución por la que debes pasar, pero mientras seas presa de las emociones, no puedes utilizar lo que ya eres. Los sabios, los que saben cómo ayudar a los demás a verse a sí mismos, no se dejan implicar por lo que ha sido. No les preocupa más que el momento presente. Pueden ver el porvenir y el pasado pero no se dejan llevar ni por uno ni por el otro. Apenas había terminado de pronunciar estas palabras, cuando en un abrir y cerrar de ojos, el sabio desapareció.

El emperador se puso a caminar dando vueltas a la redonda; tenía miedo. ¿Qué debía hacer? Abandonó el jardín, atravesó el palacio y se dirigió a la ciudad de Lo-Yang. Comenzó a sacar cadáveres de debajo de los escombros, a reunirlos, intentando identificarlos y pronto un hombre viejo y achacoso se puso a ayudarle. Un niño vino a trabajar con ellos también. Poco a poco se formó un pequeño grupo que trabajaba en las ruinas de Lo-Yang amontonando cuerpos, intentando identificarlos para posteriormente incinerarlos. Una anciana se les unió, luego un robusto soldado desorientado por la pérdida de su familia y que

tenía necesidad de hacer algo. Encontraron a una madre cariñosa para cuidar a los heridos más graves y trabajaron valientemente día tras día. Pronto se formaron otros grupos; paulatinamente fueron saneando la ciudad... Los días se convirtieron en semanas y ellos no desfallecían. Doscientas o trescientas personas comenzaban, llenas de fuerza y coraje, a restablecer una vibración en aquel lugar. Un día, un soldado reconoció al emperador y se lo comunicó a los demás. Aquello avivó la esperanza; todos albergaron el sentimiento de que todo era posible porque el emperador estaba allí, trabajando, comiendo lo mismo y conviviendo con ellos.

Dos semanas más tarde, oyeron ruido en la colina y divisaron un gran ejército que se acercaba. El emperador avanzó lentamente a su encuentro, su figura estaba sucia, sus ropas desgarradas; detrás de él caminaba un pequeño grupo de supervivientes de Lo-Yang. El general jefe del ejército se bajó del caballo y se dirigió al emperador:

—¿Qué ha ocurrido aquí? No hemos tenido noticias de Lo-Yang desde hace mucho tiempo y creíamos que la ciudad había sido presa de los invasores. Hemos sentido el temblor de la tierra, pero no sabíamos con exactitud el lugar en el que se había producido.

El general contempló la ciudad y el palacio destruido. Luego preguntó al anciano que se encontraba ante él:

—¿Eres su jefe?

El emperador sonrió y respondió:

—No, trabajamos todos juntos.

Pero detrás de él alguien se levantó y dijo al general:

—Este hombre es tu emperador.

El general miró con detenimiento al anciano y lo reconoció por la cicatriz que él mismo le había hecho por encima del ojo cuando era niño y se batía con el joven emperador. El general se hincó de rodillas, pero el emperador le dijo:

—Levántate, despójate de tu armadura y ven con tu ejército a ayudarnos a reconstruir Lo-Yang.

Entraron en la ciudad y el emperador les enseñó a utilizar todos los medios y los instrumentos disponibles. Él hacía frente a cada situación empleando los elementos que estaban a su alcance. Si se presentaba un problema, si alguien le decía «¡No podemos hacer eso!», el emperador no sentía pánico, sino que decía: «Vamos a verlo». Y por el camino le venía la idea, se formaba el pensamiento de forma que, cuando llegaba al lugar, ya había encontrado la respuesta a tal problema.

Los meses pasaban y Lo-Yang fue recobrando la vida; el emperador vivía en una pequeña casa construida en su jardín. Había recogido todo el mármol y el granito del antiguo palacio para reconstruir la ciudad. Así, un comerciante había construido su casa con el mármol del dormitorio imperial, un tintorero trabajaba en una habitación hecha con las piedras de la gran sala del palacio y un inválido tenía el trono como silla. El emperador, de pie en medio de su jardín, miraba Lo-Yang. No era muy impresionante, pero la vida estaba presente y él comprendió que había empleado bien cada momento. Mas, entonces comenzó a hacerse preguntas:

—¿Qué habría pasado si yo hubiera perecido? ¿Quién habría hecho todo eso?

En ese momento se sintió empujado por detrás y cayó al agua del riachuelo. Se dio la vuelta sonriendo y vio al viejo sabio.

—¡Piensas otra vez, emperador! No es pensando como comprenderás de dónde vienes ni a dónde vas. Pensar es un instrumento, es como aprender a caminar, como saborear tu primera comida; no es más que un instrumento, un primer paso, una primera prueba. Aprende que es un paso importante, que debes aprender a pensar... y que debes saber también dejar de pensar, pues no ayudarás a tu pueblo ni te comprenderás a ti mismo con elucubraciones.

El emperador sonrió al viejo sabio.

—¿He hecho bien lo que tenía que hacer? –preguntó.

—¿Qué has hecho? –respondió el sabio, a lo que el emperador contestó:

—Mira Lo-Yang, la ciudad resucita, he dado todas las piedras de mi palacio para reconstruirla.

—¿No era eso lo que tenías que hacer? –dijo el sabio.

—¿Era eso lo que se supone que debía hacer? –preguntó el emperador.

—¿Lo has hecho, sí o no? –dijo el sabio.

—Sí –le contestó.

—Es, pues, lo que tenías que hacer, lo que formaba parte de tu ser verdadero. ¿Por qué me haces esa pregunta?

—Porque me siento solo –confesó el emperador.

—¿Por qué?

—Necesitaría a alguien con quien hablar –dijo el emperador.

—¡Habla con las gentes que te ayudan! –conminó el sabio.

—Es que me tienen miedo –repuso el emperador.

—¿Por qué? ¿Porque te retiras a tu jardín? ¿Porque eres emperador?

—No lo sé –dijo el emperador.

—Vayamos pues a Lo-Yang –propuso el sabio.

Salieron del jardín y entraron en las calles de la ciudad. El soldado que lo había ayudado, los acogió con amabilidad, también lo hizo el tintorero, todos les sonreían saludándolos cordialmente. El emperador vio al niño que había querido hacer salir de las ruinas y éste le devolvió una sonrisa feliz. Al caminar por las calles de Lo-Yang, podía percibir el calor de las gentes a su alrededor y se sentía bien. El sabio le dijo:

—Ellos no tienen miedo de ti, te respetan. Hay una diferencia sutil entre miedo y respeto. Estas personas te respetan por lo que eres; antes te temían, pero ahora te respetan. Utiliza este respeto; no te retires a tu jardín, a tu monasterio en la montaña, o a un lugar oculto en el que no puedan verte. El respeto es el signo de mayor evolución que existe en un ser; se origina cuando el individuo sabe quién es.

El emperador se volvió hacia el sabio y le dijo:

—Me gustaría que estuvieras conmigo siempre, tú me das confianza y paz.

El sabio sonrió.

—¡Esas personas que te rodean tienen la misma impresión contigo!

—¿Cómo –preguntó el emperador– ellos sienten hacia mí lo mismo que yo hacia ti?

—Sí –dijo el sabio.

—Nunca había pensado en eso –exclamó.

—¿Por qué no lo has hecho? –le preguntó el sabio.

—¡Porque yo solamente soy emperador, mientras que tú eres sabio!

—Eso no es más que una cuestión de terminología –repuso el sabio–. ¡Todo cuanto necesitas está en ti!

El sabio prosiguió su camino mientras que el emperador se quedó en mitad de la calle, viéndole alejarse. El viejo sabio no se volvió, no miró hacia atrás. Sabía lo que era y quién era, sabía que otros necesitaban también descubrir esa confianza en sí mismos que él había permitido encontrar al emperador, sentir esa luz, tener alguien a quien mirar con respeto pero sin miedo, pues el respeto permite la evolución. Permite evolucionar hacia el conocimiento sin tener necesidad de palabras, permite tomar conciencia de sí mismo.

Un muchachito se acercó al emperador que miraba cómo se alejaba el sabio, le tocó en la manga y le dijo:

—¡Señor!

El emperador se volvió hacia él.

—¿Qué quieres? –le preguntó.

—Emperador, puedes decirme... ¿de dónde vengo?... ¿quién soy?... ¿a dónde voy?...

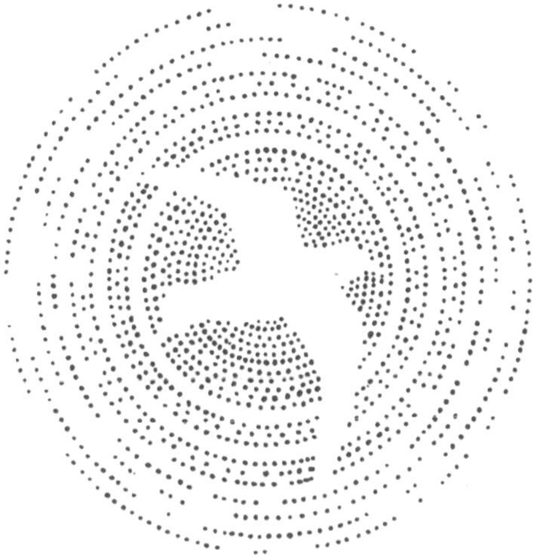